Clélia Pagani de Souza
Marinês Battisti

Eu e minhas relações

Coleção
Caminhando com Deus

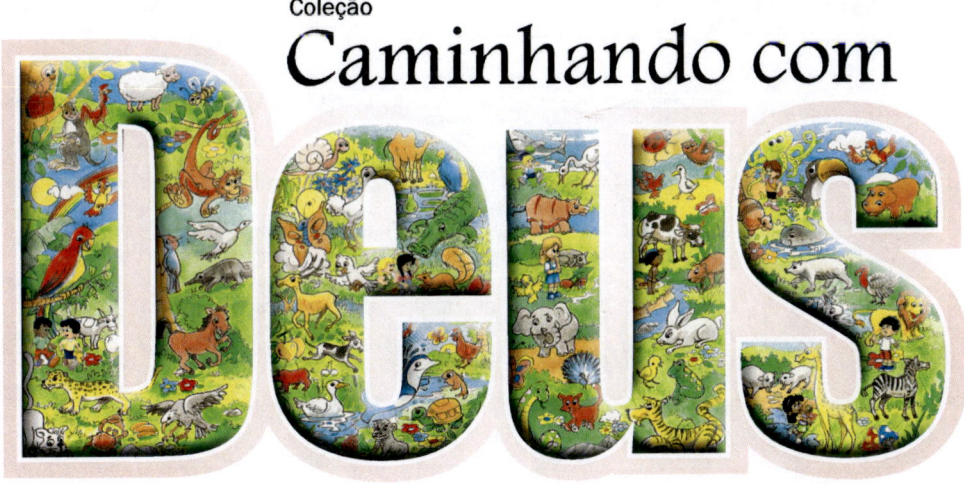

Coleção CAMINHANDO COM DEUS
IMPRIMATUR
Concedido em 18/11/2011

Dom Anuar Battisti
Arcebispo de Maringá

Ensino Fundamental
Volume **3**

Manual do professor

É terminantemente proibido reproduzir este livro total ou parcialmente por qualquer meio químico, mecânico ou outro sistema, seja qual for a sua natureza. **Todo o desenho gráfico foi criado exclusivamente para este livro, ficando proibida a reprodução do mesmo, ainda que seja mencionada sua procedência.**

Dados para catalogação
Bibliotecária responsável: Luciane Magalhães Melo Novinski
CRB 1253/9 – Curitiba, PR.

Souza, Clélia Pagani de

Caminhando com Deus: eu e minhas relações, volume 3: manual do professor/ Clélia Pagani de Souza, Marinês Battisti; ilustrações Fabz – Curitiba : Base Editorial, 2011.
    128p. : il. ; 28 cm. – (Coleção Caminhando com Deus; v.3)

ISBN: 978-85-7905-877-6

1. Ensino religioso – Estudo e ensino. 2. Ensino Fundamental. I. Battisti, Marinês. II. Título. III. Série.

CDD (20ª ed.) 268

Coordenação editorial Jorge Martins
Coordenação pedagógica Eloiza Jaguelte Silva
Projeto gráfico e capa Cide Gomes
Diagramação Flávia Vianna da Silva
Ilustrações Fabz
Revisão Lucy Myrian Chá
Iconografia Osmarina F. Tosta e Ellen Carneiro
Finalização Solange Freitas de Melo

Base Editorial Ltda.
Rua Antônio Martin de Araújo, 343 – Jardim Botânico
CEP 80210-050 – Curitiba/PR
Tel.: 41 3264-4114 – Fax: 41 3264-8471
baseeditora@baseeditora.com.br   www.baseeditora.com.br

AMIGO

Este livro é seu!

Nele, você encontrará histórias de plantas, animais e de crianças como você.

Vai conhecer as coisas de Deus.

Saberá como Jesus viveu e como Ele ama você.

Descobrirá, nas reflexões deste livro, um jeito novo de viver, amando e fazendo da vida um agradecimento.

Todos somos filhos de Deus, sem diferenças de raça, credo, cor ou nacionalidade.

Faça como Jesus e ame seu próximo sem discriminação.

Guarde tudo isso no seu coração!

Um abraço carinhoso

As autoras

SUMÁRIO

EU COMIGO MESMO **05**

1.ª Reflexão – Cada um tem sua história 06
2.ª Reflexão – Procurando a felicidade 11
3.ª Reflexão – Fazendo escolhas com responsabilidade,
liberdade e inteligência 18
4.ª Reflexão – Meus compromissos com a vida 22

EU COM OS OUTROS **30**

1.ª Reflexão – **Sozinho não faço história** 31
2.ª Reflexão – Na escola aprendo a ver a história 38
3.ª Reflexão – **Na Igreja aprendo** a discernir a história 44
4.ª Reflexão – Na comunidade social eu
vivo a minha história 48

EU COM A NATUREZA **52**

1.ª Reflexão – **Vejo o** universo 53
2.ª Reflexão – **Vejo a** natureza 59
3.ª Reflexão – **Vejo as criações dos homens** 67
4.ª Reflexão – **Vejo o** mundo e preparo o meu futuro 75

EU COM DEUS **84**

1.ª Reflexão – Preciso de Deus para viver 85
2.ª Reflexão – Deus está presente **onde existe vida** 89
3.ª Reflexão – Deus me ama e está sempre comigo 92
4.ª Reflexão – Dou graças a Deus pela vida 96

MEMÓRIAS QUE ME FAZEM CRESCER **100**

1.ª Memória – Tempo de fraternidade 101
2.ª Memória – Tempo de ser melhor 106
3.ª Memória – Tempo de vida nova 109
4.ª Memória – Bíblia - Palavra de Deus 113
5.ª Memória – Tempo de amor 116

REFERÊNCIAS **120**
ENCAMINHAMENTO METODOLÓGICO **121**

CADA UM TEM SUA HISTÓRIA

Você é gente!

Foi criado à imagem e semelhança de Deus, por isso, é muito especial.

Não existe ninguém igual a você.

Você tem um nome, nasceu em um determinado lugar, tem uma história.

Certamente você tem uma família ou alguém que o ajudou a chegar até aqui.

Além de seus pais, outras pessoas acompanharam seu crescimento.

Você conhece as origens de sua família?

Procure saber de onde vieram seus pais, seus avós e bisavós. Você irá perceber que muitos de nossos antepassados vieram de outras cidades e até de outros países. Fazendo esta pesquisa você descobrirá suas origens. Para isso, preencha o quadro que você encontrará nas páginas seguintes.

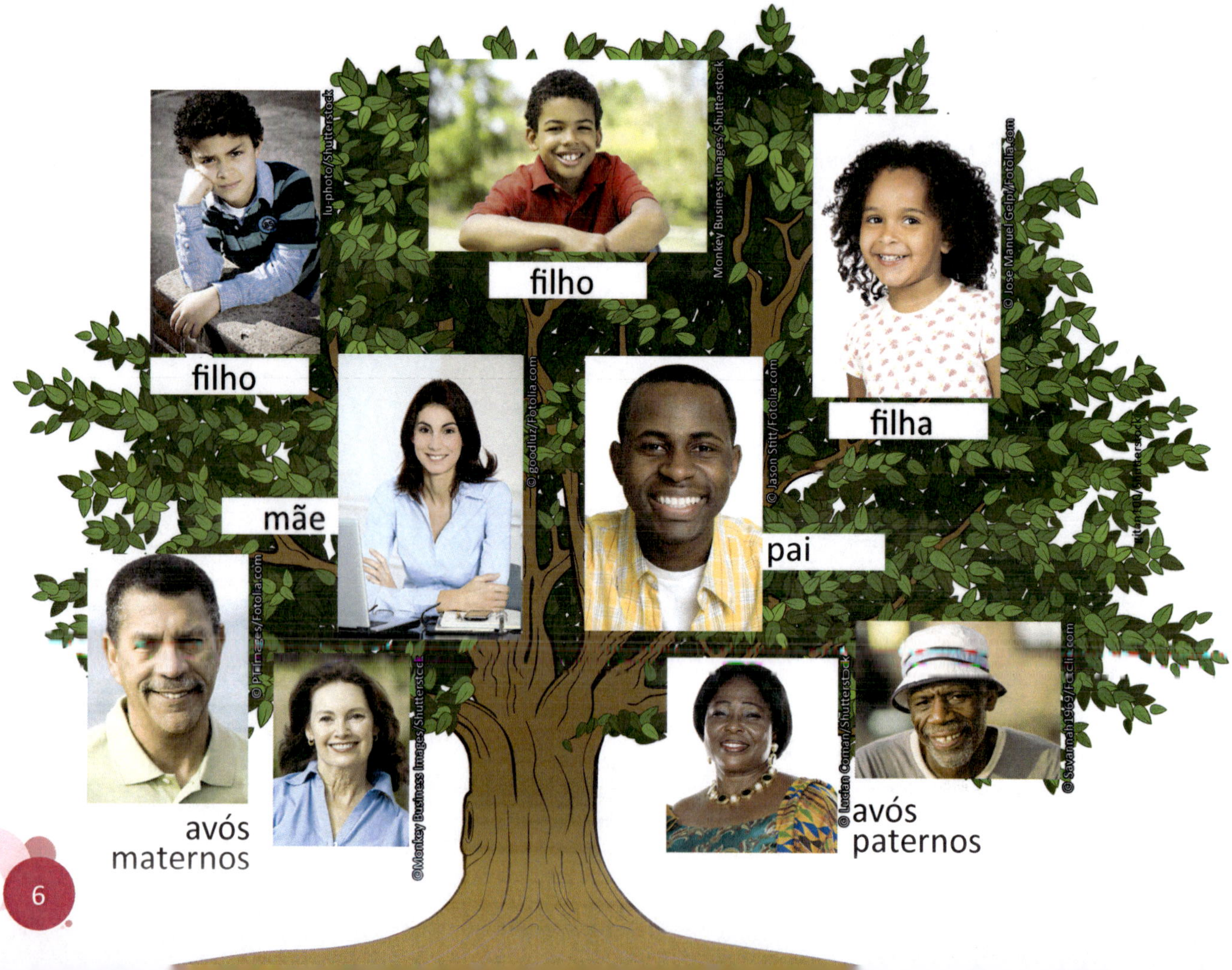

PESQUISA

Você

Nome: _____

Data de nascimento: _____/_____/_____

Cidade: _____ Estado: _____ País: _____

Endereço: _____

Seu pai

Nome: _____

Data de nascimento: _____/_____/_____

Cidade: _____ Estado: _____ País: _____

Endereço: _____

Sua mãe

Nome: _____

Data de nascimento: _____/_____/_____

Cidade: _____ Estado: _____ País: _____

Endereço: _____

Seu avô materno

Nome: _____

Data de nascimento: _____/_____/_____

Cidade: _____ Estado: _____ País: _____

Endereço: _____

PESQUISA

Sua avó materna

Nome: _____

Data de nascimento: _____ /_____ /_____

Cidade: _____ Estado: _____ País: _____

Endereço: _____

Seu avô paterno

Nome: _____

Data de nascimento: _____ /_____ /_____

Cidade: _____ Estado: _____ País: _____

Endereço: _____

Sua avó paterna

Nome: _____

Data de nascimento: _____ /_____ /_____

Cidade: _____ Estado: _____ País: _____

Endereço: _____

Um de seus bisavós

Nome: _____

Data de nascimento: _____ /_____ /_____

Cidade: _____ Estado: _____ País: _____

Endereço: _____

Preenchendo os quadros anteriores, você pôde perceber como as famílias mudam de lugar, de uma cidade para outra, de um estado para outro e até de um país para outro. Você observou também que na família existem pessoas de diferentes regiões, diferentes idades, diferentes maneiras de ver a vida.

Este é um bom momento para você refletir sobre sua maneira de ver a vida. Você já pensou no espetáculo que é a vida? Sua vida é como uma flor. Desabrocha numa família e contribui para perfumar todos os que estão à sua volta.

Você precisa da sua família e a sua família precisa de você. Nela você recebeu os primeiros cuidados, os primeiros carinhos, aprendeu a andar, a falar, a correr, a participar, a respeitar, enfim, aprendeu a VIVER.

Escreva um pouco sobre sua participação na vida familiar e como você se sente na família.

Complete a cruzadinha, formando palavras que ajudam você a construir uma história feliz.

| INVEJA | AMIZADE | AMOR |
| FRATERNIDADE | CARINHO | ALEGRIA | CIÚME |

De que maneira você é responsável pela construção da sua história?

_____
_____
_____

Sugestão de leitura

A HISTÓRIA DE CADA UM
Juciara Rodrigues
Editora Scipione

OBRIGADO, SENHOR, PELO DOM DA VIDA. AJUDA-ME A CONSTRUIR MINHA HISTÓRIA CONFORME TEU EXEMPLO DE AMOR.

2ª REFLEXÃO

PROCURANDO A FELICIDADE

Já refletimos que o amor de Deus por nós é muito grande, pois somos importantes para Ele.

Na nossa vida podemos escolher aquilo que nos aproxima ou nos afasta de Deus. Aquilo que nos traz felicidade ou não.

Como somos filhos de Deus, devemos agir como Ele e procurar ser perfeitos e amar como Ele nos ama.

Muitas vezes ouvimos esta pergunta: "O que você pretende ser no futuro?" Esta pergunta nos faz pensar numa profissão. Alguns dizem: "Serei arquiteto, médico, professor, jogador de futebol...". Porém, esta pergunta pode ter outro sentido; pode estar relacionada com os valores que você gostaria de viver quando adulto, seu modo de ser e agir diante do mundo.

O modo de ser no futuro está relacionado com o modo de ser no presente. Se busco valores que trazem felicidade "hoje", serei feliz "amanhã".

Se hoje gosto de agir honestamente, amanhã terei grandes possibilidades de ser uma pessoa honesta. Se gosto de mentiras e estou sempre mentindo, corro o risco de ser um adulto em quem ninguém acreditará.

Aqui entra em jogo o tipo de felicidade que estou buscando.

A razão nos fala sobre algo que precisa ser feito, mas nem sempre é agradável.

Há momentos de prazer, satisfação, bem-estar, em que nosso coração se alegra. Brincamos, encontramos amigos, nos divertimos e nem sentimos o tempo passar.

Pense um pouco:

– O que você mais gosta de fazer?
– Quais são suas responsabilidades?
– Como você está construindo a sua felicidade?

É bom quando podemos conciliar os nossos desejos com as nossas obrigações. É importante equilibrar os dois, ter horário para cada coisa que fazemos. Assim, a felicidade vai fazer parte da nossa vida e dos que convivem conosco.

O grande mestre da felicidade é Jesus. Em todos os momentos de sua vida, Ele realizou tudo o que trazia felicidade.

Ligue a frase às palavras que combinam com a felicidade que Jesus ensinou.

Desenhe e escreva
algumas atitudes que deixam você mais feliz.

O relacionamento com nossos pais e amigos nos ajuda a viver e a ser feliz e possibilita que os outros também se sintam ajudados.

Saber acolher é muito importante. Podemos acolher com o coração, com gestos e com as atitudes.

No mundo, nem todas as pessoas sabem acolher. Muitos vivem o oposto, que é a guerra, o racismo, o egoísmo, a exclusão.

Tatiana estava doente e fui visitá-la. Nós nos distraímos com um quebra-cabeça. Ela ficou feliz e eu também. Somos grandes amigos.

Na aula de Matemática eu estava com dificuldade, não sabia resolver uma operação. Pedi ajuda ao Guilherme e ele ficou feliz em poder me explicar.

Que bom se todas as pessoas fossem assim!

A pessoa é feliz quando ajuda, partilha...
O que você faz para deixar um amigo mais feliz?

Observe o relacionamento destas crianças. O que você pode dizer delas?

O que devemos fazer para construir uma verdadeira amizade?

Peça para um amigo escrever aqui o que ele pensa sobre você.

Sugestão de leitura

ESTRELINHA DE CRISTAL
Nilson Mello
Editora Arco-Íris

OBRIGADO, SENHOR, PELA MINHA VIDA E PELA VIDA DE TODAS AS PESSOAS QUE CONTRIBUEM PARA O MEU CRESCIMENTO.

FAZENDO ESCOLHAS COM RESPONSABILIDADE, LIBERDADE E INTELIGÊNCIA

Você está crescendo! É um ser que pensa! Portanto, deve escolher com responsabilidade!

A cada dia você aprende coisas novas. Vai se conhecendo, vai descobrindo os outros e percebendo o mundo à sua volta. Você não foi criado por acaso. Tem uma história para construir, uma tarefa.

Sua tarefa é ser gente, capaz de deixar este mundo cada vez mais bonito para as pessoas viverem melhor.

É responsável por si mesmo, pelo seu crescimento.

É responsável pelas pessoas com as quais convive, sua família, seus amigos...

É responsável pelo mundo que o rodeia.

Responsabilidade é uma palavra que aparece com frequência em nossa vida. "Você é muito responsável"; "Você precisa ser mais responsável", são frases que ouvimos, mas nem sempre nos damos conta de quanto a responsabilidade está presente em nosso dia a dia. Tudo o que fazemos ou deixamos de fazer é nossa responsabilidade. Nada acontece sem que haja alguém responsável.

Para que tudo caminhe bem, é necessário que cada um de nós realize a sua parte com muita responsabilidade, pensando em si e nos outros.

Se estamos crescendo em nossa responsabilidade, significa que estamos nos tornando mais livres.

O desejo de liberdade está presente na vida de todas as pessoas.

As pessoas crescem em idade e se tornam mais conscientes, refletem mais sobre sua liberdade. Devem viver esta liberdade de acordo com os valores que Jesus veio ensinar.

Somos livres quando assumimos nossas responsabilidades.

Tenho capacidade de aprender coisas novas. Sou inteligente. Penso e percebo o que é certo, o que é errado.

Com a inteligência que Deus nos dá, podemos aprender, pesquisar, criar coisas novas, guardar o que aprendemos e também ensinar os outros.

Deus nos dá inteligência e liberdade para pensar, procurar, escolher, aceitar, de acordo com nossa vontade. Ele quer que saibamos escolher o melhor para nós e para os outros, para que todos possam viver felizes.

Sou responsável, livre e inteligente quando...

...participo das aulas, com atenção e respeito ao professor e aos colegas.

...estudo e leio bons livros, procurando aprender sempre mais.

...procuro dialogar com meus pais, amigos e todas as pessoas que possam me ensinar coisas boas.

19

No meio da escada coloque seu nome.

Nos degraus acima do seu nome, escreva o que faz uma criança que cresce com responsabilidade. Nos degraus abaixo do seu nome, escreva o que faz uma criança que não quer crescer no caminho da responsabilidade.

INTOLERANTE
FAZ O BEM
NÃO ESTUDA
RESPEITA
DESORGANIZADA
AJUDA
NÃO É AMIGA
ESTUDA
É EGOÍSTA
FAZ TAREFA

FAZENDO BOAS ESCOLHAS, CRESÇO COM RESPONSABILIDADE.

Quando é que somos livres e responsáveis?

Ordene as palavras e descubra o que está escrito.

feliz	liberdade	uso
Sou	minha
com	quando	responsabilidade

___
___
___

Sugestão de leitura

A DESCOBERTA DE CLARISSA
Alexandre Azevedo
Editora Arco-Íris

SENHOR, OBRIGADO POR TER ME CRIADO UMA PESSOA LIVRE. AJUDA-ME A CRESCER COM RESPONSABILIDADE.

21

4ª REFLEXÃO

MEUS COMPROMISSOS COM A VIDA

Você é muito mais do que seus olhos veem, muito mais do que seus ouvidos ouvem, muito mais do que seu coração sente, muito mais do que deseja e faz.

Você é uma obra do amor **infinito de Deus que o chama** a um compromisso com a vida e com o mundo. Esse compromisso é fazer com que o **mundo em que você vive seja cada** vez melhor. Essa tarefa começa **bem próximo de você:**

• Na sua casa

Seus familiares foram **os primeiros a ajudar você** a crescer. Eles ensinaram você a falar, a andar, a amar, a respeitar. Você deve corresponder a tudo isso sendo uma criança amorosa, respeitando sua família e sabendo conviver com as diferenças.

22

• **Na sua escola**

Quando vamos para a escola, encontramos novas pessoas e fazemos novas **amizades**. Não existe nada melhor do que bons amigos. Vivendo em grupo, aprendemos a respeitar cada um do seu jeito, seja na forma de **vestir, de andar, de falar**. Muitas pessoas, de diferentes maneiras, trabalham na escola para que possamos crescer no conhecimento e na convivência de maneira agradável. Todas merecem nosso carinho e nosso respeito.

• **No seu bairro**

No bairro onde você mora, deve haver outras crianças com quem você e sua família convivem. Quando vivemos em comunidade, precisamos ter **cooperação e respeito**. Se o espaço é de todos, é necessário aprender a **repartir e a aceitar o jeito de cada um**.

• **Na sua cidade**

A cidade é um pedaço do mundo onde vivemos. Nela, você mora com sua família, seus vizinhos, seus amigos e colegas. Para mostrar seu amor à cidade, você pode fazer muitas coisas boas, como: **cuidar das árvores, não jogar lixo nas ruas, plantar outros vegetais, respeitar as pessoas que circulam livremente**. Numa cidade, todos têm direitos e deveres. Se cada um fizer a sua parte, a vida na cidade fica muito mais agradável.

Deus dá a cada um de nós determinadas qualidades, dons. Cabe a nós desenvolvê-los para o nosso bem e para o bem de todos. Quando amamos uns aos outros, vivemos a vida de Deus, o espírito de Deus vive em nós.

Temos um compromisso como cristãos: viver os ensinamentos de Jesus, ser anunciadores da sua palavra, vivendo a fraternidade, o perdão, a ajuda e o amor.

Jesus nos ensina a assumir compromissos e a fazer nossa parte na **construção da história.**

Preste atenção na parábola que Jesus contou no Evangelho de Mateus, capítulo 25.

"Um homem precisou viajar.

Chamou seus três empregados e confiou a eles os seus bens. Para um deu cinco moedas, ao outro deu duas moedas e ao terceiro deu uma moeda, conforme a capacidade de cada um.

O que recebeu cinco moedas negociou com elas e fez render mais cinco. O que recebeu duas moedas, também negociou com elas e fez render mais duas. Mas aquele que recebeu uma moeda a escondeu e não fez nada com ela".

(MT. 25, 14-30)

"Jesus termina a história dizendo que o homem voltou da viagem e ficou muito triste com aquele empregado que não havia usado a moeda para fazê-la produzir e o expulsou da sua propriedade."

Com o auxílio do professor e dos colegas, descubra qual a mensagem que Jesus quis ensinar com este texto.

O nosso compromisso com a construção da história coletiva deve estar presente em todos os ambientes de nosso convívio.

De que maneira você pode colaborar para o bem-estar das outras pessoas que convivem com você?

- Na família:

- Na escola:

- Na comunidade:

A FORMIGUINHA E A NEVE

(João de Barro – Ed. Moderna – São Paulo – Ano - 2006. Com cortes. p. 3-4)

Certa manhã de inverno, uma formiguinha saiu para o seu trabalho diário. Já ia longe, à procura de alimento, quando um bloco de neve caiu.

- Pim! – e prendeu o seu pezinho.

Aflita, vendo que não podia livrar-se da neve e iria morrer de fome e de frio, voltou-se para o Sol e disse:...

A FORMIGUINHA E A NEVE é uma fábula que vai ilustrar o tema desta unidade. Procure na biblioteca de sua escola este livro, leia com atenção e responda às questões que seguem:

Por que ninguém quis ajudar a formiguinha?

_____
_____
_____
_____

Todos os personagens que negaram ajuda para a formiguinha diziam que alguém era mais forte do que eles. Descubra e escreva o que cada um disse.

- O Sol disse que o muro era mais forte do que ele.

- O muro disse que o rato era _____
_____

- O rato _____
_____

- O gato _____
_____

- O cão _____
_____

- O homem _____
_____

- A morte _____
_____

De acordo com o texto, quem salvou a formiguinha? Como isso aconteceu?

28

Você percebeu alguma relação entre a parábola que Jesus contou e a história da formiguinha? Qual?

_____
_____
_____
_____

Se a formiguinha pedisse ajuda a você, o que você faria?

_____
_____
_____
_____
_____
_____
_____
_____

Sugestão de leitura

A FORMIGUINHA E A NEVE
Recontado por **João de Barro**
Editora Moderna

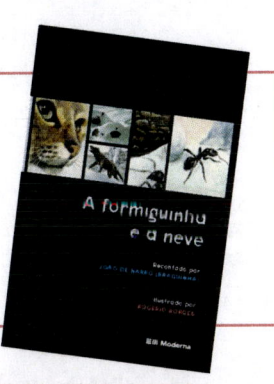

SENHOR JESUS, AJUDA-ME A FAZER A MINHA PARTE NA CONSTRUÇÃO DA HISTÓRIA E NÃO ESPERAR TUDO DOS OUTROS.

1ª REFLEXÃO

SOZINHO NÃO FAÇO HISTÓRIA

Deus nos criou para sermos todos irmãos uns dos outros.
Todos temos nossos direitos e nossos deveres.
Precisamos lutar pelos nossos direitos, respeitar os direitos dos outros e cumprir bem nossos deveres.
Jesus sempre respeitou a todos: crianças, jovens, idosos, doentes, sem distinção de raça, cor ou classe social. A todos tratava com respeito e carinho. Amou a todos e os fez crescer.

- Você acha que o respeito aos outros é uma coisa importante?
- Escreva algumas atitudes que demonstram respeito pelos outros.

Somos criados por Deus para vivermos em comunidade. Precisamos uns dos outros desde antes do nosso nascimento.

Para existirmos, nós precisamos do amor do nosso pai e da nossa mãe. Enquanto nossa mãe nos "esperava", ela precisou de muitas pessoas. Quando nascemos, éramos os seres mais frágeis e indefesos da Terra. Só vivemos e fomos vencendo, aos poucos, os obstáculos, porque alguém nos ajudou.

Como percebemos, o ser humano não tem a menor possibilidade de viver sozinho.

A primeira comunidade da qual dependemos é a família e, na família, a primeira pessoa de quem dependemos é a mãe, ou alguém que a substitua.

Às vezes, nós nos esquecemos de dar o devido valor à nossa mãe, porque esquecemos que a ela devemos o fato de estarmos no mundo.

Vamos refletir um pouco sobre este presente que Deus nos deu, que é a nossa mãe.

Escreva uma cartinha para sua mãe, ou para quem cuida de você, dizendo tudo o que você mais admira nela e o que você gostaria que fosse diferente nela.

Faça uma oração agradecendo a Deus pela sua mãe ou para quem cuida de você.

MÃE QUE FAZ E ACONTECE

A mãe da gente é sempre muito alta. Conforme a gente cresce, ela vai diminuindo de tamanho. Às vezes é magra, outras vezes é gorda, de vez em quando faz regime e fica comendo fora de hora o dia inteiro.

É sempre muito bonita, mas fica meio estranha no dia em que vai ao cabeleireiro.

Há mães de todas as cores e em todos os lugares do mundo. Podem viver em qualquer clima, tanto nas regiões geladas como onde faz muito calor. É como na cozinha, onde mexem na geladeira e no fogão.

Se fica muito tempo longe, a gente sente saudades, ainda que saiba que a certa hora ela vai voltar. Sempre voltam, mesmo que saiam todos os dias para ir trabalhar.

Mães têm colo fofinho e macio, onde a gente se aconchega e pode ficar ouvindo o coração delas bater junto ao nosso ouvido. Isso quando elas estão sentimentais e de bom humor.

Mães também são muito resistentes, caso contrário não aguentariam trabalhar fora e em casa, lavar, passar, limpar, cozinhar e cuidar dos filhos que têm. A maior parte gosta de ficar sentada assistindo televisão. Mas todas são excelentes e autênticas mães.

Descontando os defeitos e acrescentando algumas qualidades, nunca se inventou coisa melhor no mundo que a mãe. Sendo assim, mãe é que devia ser Presidente da República.

LIMA, Edy: **Mãe que faz e acontece** – São Paulo – Scipione, São Paulo, 2007 – p. 5, 7, 11, 13 (Adaptado).

Escreva algumas características da sua mãe ou de quem faz as vezes de mãe para você.

Outra pessoa muito importante desde o início da nossa vida é o nosso pai. Em algumas famílias os pais não moram na mesma casa, mas nem por isso devem deixar de ser lembrados por seus filhos.

SER PAI É:

Não esperar recompensas
Saber esperar e ser tolerante
Aprender errando,
Corrigir sorrindo
Saber calar,
Saber falar,
Saber ouvir.
Ajudar o filho
a descobrir seu caminho.
Acolher o filho
que volta arrependido
Saber chorar em silêncio
a dor da incompreensão.
Proteger sem ser protecionista.
Deixar que o tempo passe
e o filho voe.
Brincar, correr como criança
É sentir-se de "carne e osso",
Frágil e forte,
Alegre e triste,
Às vezes "herói",
Às vezes "bandido".
SER PAI É DAR CONTINUIDADE
À OBRA CRIADORA DE DEUS.

Escreva algumas características do seu pai ou de quem faz as vezes de pai para você.

Escreva uma cartinha para seu pai, dizendo tudo o que você mais admira nele e o que você gostaria que fosse diferente nele.

Faça uma oração agradecendo ou pedindo a Deus pelo seu pai.

2ª REFLEXÃO

NA ESCOLA APRENDO A VER A HISTÓRIA

A ESCOLA NOSSA DE CADA DIA

Se não fosse a escola, a gente ia ser analfabeto. É lá que se aprende a ler, a escrever, a contar e a cantar.

No começo do ano, é tempo de ganhar livros e cadernos, uma mochila nova, se a antiga estiver muito estragada, lápis, canetinha, borrachas, muitas coisas diferentes e interessantes. Mas a maior alegria é rever os colegas e a maior surpresa, descobrir se vai gostar tanto da professora de agora como gostava da do ano passado. Com o tempo a gente se acostuma.

Uma coisa interessante na escola é que todos sabem o nosso nome: as professoras, a orientadora, as atendentes, o pessoal da administração, não se esquecendo da diretora, é claro.

Elas sabem tudo da nossa vida: onde a gente mora, filho de quem é, quantos anos tem. Deve ser por isso que alguns dizem que a nossa escola é nossa segunda casa.

Se não existisse escola, também não haveria férias, o que seria uma pena. E se não existissem férias, não haveria volta às aulas, o que também seria uma pena.

LIMA, Edy. **Texto extraído do livro: A escola nossa de cada dia**. São Paulo: Ed. Scipione, 2005. p. 5, 7, 11, 13, 23 (Adaptado).

O texto diz: "Se não fosse a escola, a gente ia ser analfabeto". O que podemos aprender na escola além de ler e escrever?

_____
_____
_____
_____
_____
_____
_____
_____

Como vimos anteriormente, ninguém constrói a história sozinho. A escola é um bom lugar para ver histórias diferentes, as histórias de cada um.

Muitas histórias de seus colegas se parecem, mas nenhuma é igual à sua. É bom conhecer a história dos outros, isso nos ajuda a crescer.

Como você, seus colegas também têm:
- família
- amigos
- dificuldades
- diferenças

Na escola você e seus colegas podem construir muitas coisas boas **juntos, para poderem crescer como Jesus, no amor ao próximo.**

Ao decifrar as mensagens, você descobrirá palavras importantes no relacionamento entre os colegas da escola.

A B C Ç D E G H I J L M N O P R S T U

_ _ _ _ _

_ _ _ _ _ _ _ _ _ _ _ _ _

_ _ _ _ _ _ _ _ _ _

_ _ _ _ _ _ _ _

_ _ _ _ _ _ _ _ _ _ _ _ _ _ _ _

De que maneira você pode viver esses valores dentro da escola?

AJUDA:

COMPANHEIRISMO:

COOPERAÇÃO:

40

PARTILHA:

RESPONSABILIDADE:

Faça uma oração agradecendo por todas as pessoas da sua escola que o ajudam a construir a sua história. Pode começar assim:

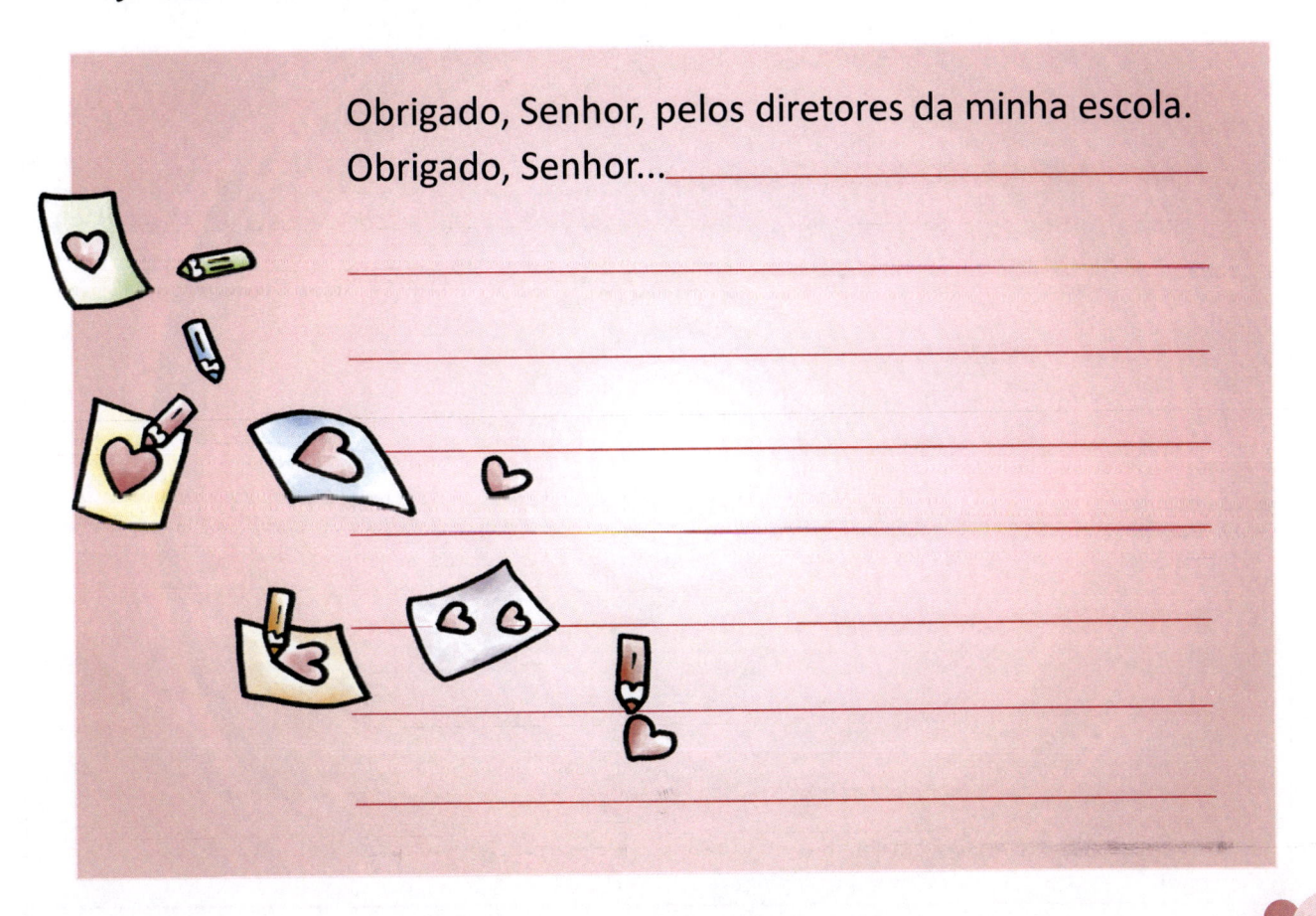

Obrigado, Senhor, pelos diretores da minha escola.
Obrigado, Senhor...

Seu professor vai dividir a turma em grupos de quatro crianças. Cada **grupo ficará responsável por organizar um cartaz, uma faixa, uma música, um jogral, uma poesia ou qualquer outra manifestação de carinho, para as pessoas que atuam em diferentes serviços da escola (diretor, orientador, professor, recepcionista, merendeiras, serviço de limpeza, etc.).**

Represente neste espaço o que seu grupo apresentou.

A verdadeira escola deve ser construída de acordo com as verdades que Jesus ensinou.

Desenhe uma escola ou faça uma montagem com papel colorido e escreva ao seu redor palavras que representem as atitudes que as pessoas da escola devem ter no relacionamento diário e que demonstrem a vontade de Jesus.

Sugestão de leitura

A ESCOLA NOSSA DE CADA DIA
Edy Lima
Editora Scipione

3ª REFLEXÃO

NA IGREJA APRENDO A DISCERNIR A HISTÓRIA

A palavra "Igreja" não significa somente a casa onde a comunidade se reúne para rezar. Significa também as pessoas que acreditam em Jesus Cristo e formam a comunidade **cristã**.

Os cristãos se reúnem como Igreja para um ajudar e animar o outro, na construção da sua história.

Nós podemos construir a nossa história de forma mais segura quando o fazemos em comunidade, pois com ela aprendemos coisas novas, fazemos descobertas e ampliamos nossos conhecimentos sobre Deus e sobre como Ele quer que vivamos.

A comunidade cristã reunida aprende junto a:

AGRADECER – Os cristãos reunidos agradecem a Deus pelo mundo criado por Ele, por ser um pai amoroso que ajuda e orienta.

PEDIR – Os cristãos se reúnem para pedir aquilo que precisam, rezar uns pelos outros e, sobretudo, pedir para que Deus os ajude a viver do jeito que Ele os ensinou, no amor e na fraternidade.

PERDOAR – Os cristãos se reúnem para pedir perdão a Deus e entre si, para que um ajude o outro a fazer as coisas como Deus quer e como a comunidade precisa.

CELEBRAR – Os cristãos se reúnem para cantar salmos e hinos de louvor a Deus e para recordar os grandes acontecimentos da vida de Jesus.

Certamente você e sua família pertencem a uma comunidade cristã. Procure conhecer melhor sua Igreja, respondendo às questões a seguir, com a ajuda de seus familiares.

Sua religião:

Nome da sua Igreja:

Nome do padre ou pastor responsável pela sua comunidade:

45

Como é celebrado o momento de encontro da comunidade na sua **Igreja?**

Cole ou escreva aqui uma oração que frequentemente é rezada na sua comunidade de oração.

Procure no diagrama cinco valores indispensáveis para uma comunidade cristã.

A	B	C	D	E	F	A	G	H	I	J	L	M	N	P	O	Q
G	F	E	D	C	B	M	A	Z	X	V	U	T	S	A	R	Q
H	A	B	E	U	V	O	H	N	B	D	M	F	G	R	S	M
I	Z	P	F	T	X	R	M	A	C	F	N	E	H	T	T	L
G	X	E	G	S	Z	F	O	Z	E	G	O	D	I	I	U	J
L	F	R	A	T	E	R	N	I	D	A	D	E	J	L	V	J
M	V	D	H	R	A	G	P	X	H	R	D	C	L	H	X	H
N	U	Ã	I	Q	B	I	Q	V	I	J	Q	B	M	A	Z	G
O	T	O	J	P	C	H	A	R	M	O	N	I	A	R	A	F
P	S	C	L	O	D	J	R	U	J	T	V	A	N	Q	B	E
Q	R	D	M	N	E	L	S	T	L	U	X	Z	O	P	C	D

De que forma a sua comunidade de oração está ajudando na construção da sua história?

**OBRIGADO, SENHOR, PELA COMUNIDADE
QUE ME AJUDA A DISCERNIR ENTRE O BEM E O MAL
E ME AJUDA A CONSTRUIR MINHA HISTÓRIA.**

4ª REFLEXÃO
NA COMUNIDADE SOCIAL EU VIVO A MINHA HISTÓRIA

Além da família, da escola e da Igreja, você participa de uma comunidade social. São seus amigos, vizinhos, parentes, colegas do mesmo time de futebol, além de outros. Vocês se encontram muitas vezes na rua, no clube, no jogo ou em outros lugares como parques, festas etc.

Nesta comunidade, você se diverte, brinca, joga, enfim, tem um convívio que também pode fazê-lo crescer.

Como você pôde perceber nas reflexões anteriores, sempre estamos aprendendo no convívio com os outros. Por isso é preciso escolher os amigos com responsabilidade, amigos com quem você possa ter um relacionamento saudável e o façam crescer no amor a Deus e às pessoas, que possa fazê-lo feliz e livre.

Muitas vezes no convívio social você encontra pessoas que não vivem os **ensinamentos de Jesus**. Essas pessoas dizem e fazem coisas que não geram vida e alegria. Portanto, é preciso tomar cuidado e fazer todo o possível para **mostrar a importância dos valores evangélicos para viver a liberdade dos filhos de Deus**.

O convívio social exige que as pessoas tenham muito respeito umas pelas outras, pois todos têm os mesmos direitos e os mesmos deveres e devem colaborar para o bem comum.

Observe as situações a seguir, explique cada uma delas e dê sua opinião sobre as atitudes representadas.

Observe os caminhos e pinte aquele que indica os valores que devem ser vividos na convivência social.

DESUNIÃO

AJUDA

PARTILHA

ÓDIO

INVEJA

SOLIDARIEDADE

AMOR

DESPREZO

FÉ

VIOLÊNCIA

UNIÃO

Você já teve a oportunidade de ajudar alguém do seu convívio que estava em "dificuldade"? Conte como foi, usando as linhas abaixo.

Descubra qual das colunas se encaixa no quadro a seguir e complete, decifrando a mensagem.

JESUS	AMEMOS	QUER
NOS	QUE	
OUTROS	UNS	AOS

Faça uma oração pedindo por seu grupo social.

EU COM A NATUREZA

1ª REFLEXÃO

VEJO O UNIVERSO

Como é bela a natureza criada por Deus.

Não podemos fechar os olhos e deixar de apreciar e valorizar as belezas que o nosso criador nos oferece, como presente, como dádiva de seu Amor de Pai.

O mundo que Deus quer para nós é lindo. Na natureza tudo funciona em harmonia e equilíbrio.

Ao contemplar um novo dia, o verde na natureza, as ondas no mar, os pássaros a revoar, só podemos acreditar que "Alguém" muito especial, muito sábio e cheio de amor criou com muito carinho todas essas maravilhas.

Esse alguém muito especial é Deus.

Observe ao seu redor. É preciso apreciar e valorizar o pôr do sol, as noites de luar, o azul do céu, as flores, o verde das árvores, tantas belezas que nos cercam.

Precisamos valorizar a natureza, assim como a Lua, que mesmo sem ter luz própria, todas as noites passa para a Terra a luz que recebe.

A enxurrada carrega o lixo para o bueiro, que, entupido, se nega a engolir o aguaceiro.

Leva teto, tevê, rato, garrafa, gato e sapato.

Leva livro e cidadão, crianças? Isso é que não!

PACCE, Cláudia. **Varre vento.** São Paulo: Quinteto Editorial/FTD, 1998, p. 14.

A natureza se manifesta quando se sente agredida, quando a humanidade a destrói, desrespeita e agride a criação de Deus.

Deus quer que sejamos seus colaboradores nessa preservação. O planeta Terra está ameaçado e precisa sobreviver. Muitas pessoas procuram salvar animais, plantas, assim como alertar e conscientizar os homens para uma realidade e que depende de cada um de nós a mudança, para melhor, dessa realidade.

NASCIMENTO DO PLANETA AZUL

A Terra e tudo o que nela existe estava criado.

E ao terminar sua grande obra-prima, o planeta azul em que vivemos, Deus confiou ao anjo Rafael os cuidados do novo planeta. É costume de Deus entregar cada obra sua à supervisão de algum anjo.

– Rafael, você está vendo aquele planeta azul?

– Sim, Senhor.

– É a Terra. Entrego-a aos seus cuidados. Quero que saiba que sinto muito orgulho dela. Coloquei nela tudo o que tinha de melhor e mais belo. Nela estão os minerais, os vegetais e os animais nas maiores variedades possíveis. Incrustadas no solo e nas rochas estão imensas jazidas de ricos minerais e belas pedras preciosas. Árvores e plantas produzindo uma infinidade de flores e frutos de variadas espécies, cores e requintados sabores. Animais de beleza incomparável, cheios de graça e encanto povoando o solo, o ar e as águas. Os mares e oceanos povoados de seres vivos. Caudalosos rios e tranquilos regatos de águas cristalinas murmurando por entre as pedras ou despencando em belas cachoeiras ocultas nas florestas. Adornei esse planeta com altas montanhas com seus picos brancos, cobertos pelo manto macio da neve e morros cobertos pelo manto verdejante da relva aveludada. Vales e planícies salpicados por milhares de pequeninas flores onde serpenteiam inúmeros rios de águas límpidas contendo enorme variedade de peixes. Envolvendo a Terra, como um manto aconchegante, coloquei uma camada de atmosfera riquíssima em oxigênio e nitrogênio.

CARRARO, Fernando. **A parábola do planeta azul.** São Paulo: FTD, 1999. p. 5 - 6.

Deus entrega a cada um de nós a sua obra de Amor.

O ser humano faz parte da natureza.

A natureza é fonte de vida, de recursos naturais. Todos nós ouvimos falar dos cuidados que devemos ter com a natureza, pois precisamos dela para viver.

O que você faz no seu dia a dia para preservar este Universo que é todo seu?
_____
_____
_____
_____
_____
_____
_____
_____
_____

Ao criar a Terra, Deus colocou nela tudo o que tinha de melhor e mais belo.

Quais são essas belezas que Deus criou?
_____
_____
_____

Como seria a Terra sem as belezas criadas por Deus?
_____
_____
_____

Deus quer que sejamos seus colaboradores na preservação da natureza. O que você e sua turma podem fazer para que a natureza seja preservada de forma mais adequada?

Vamos deixar nesta árvore recados para as pessoas que não respeitam a natureza. Que recados você quer deixar?

57

LOUVOR DAS CRIATURAS AO SENHOR

Obras do Senhor, bendizei o Senhor!
Louvai-o e exaltai-o pelos séculos sem fim!
Céus do Senhor, bendizei o Senhor!
Anjos do Senhor, bendizei o Senhor!
Águas do alto céu, bendizei o Senhor!
Potências do Senhor, bendizei o Senhor!
Lua e Sol, bendizei o Senhor!
Astros e estrelas, bendizei o Senhor!
Chuvas e orvalhos, bendizei o Senhor!
Brisas e ventos, bendizei o Senhor!
Fogo e calor, bendizei o Senhor!
Frio e ardor, bendizei o Senhor!
Orvalhos e garoas, bendizei o Senhor!
Geada e frio, bendizei o Senhor!
Gelos e neves, bendizei o Senhor!
Noites e dias, bendizei o Senhor!
Luzes e trevas, bendizei o Senhor!
Raios e nuvens, bendizei o Senhor!
Ilhas e terras, bendizei o Senhor!
Louvai e exaltai-o pelos séculos sem fim!
Montes e colinas, bendizei o Senhor!
Plantas da terra, bendizei o Senhor!
Mares e rios, bendizei o Senhor!
Fontes e nascentes, bendizei o Senhor!
Baleias e peixes, bendizei o Senhor!
Pássaros do céu, bendizei o Senhor!
Feras e rebanhos, bendizei o Senhor!
Filhos dos homens, bendizei
o Senhor!

(Daniel 3, 57-82)

2ª REFLEXÃO

VEJO A NATUREZA

No início da criação, a Terra não era bonita. Tudo estava coberto de água, era frio e escuro.

Com cuidado e amor, Deus foi dando vida a todas as coisas, para deixar a Terra bonita e habitável, para nela existir vida.

"Deus disse: Produza a Terra seres vivos, segundo sua espécie: animais domésticos, répteis e animais selvagens. Fez também os animais que se arrastam sobre a terra.

Deus viu que tudo o que havia criado era bom". (Gênesis 1, 24-25)

A Bíblia, que é a palavra de Deus escrita, nos conta a criação maravilhosa de Deus. Ele criou tudo com muita perfeição e entregou de presente aos homens para que cuidassem e dessem continuidade à sua obra criadora.

A natureza tem sido destruída pelo homem e quando ela é atacada todos nós sofremos as consequências. Isso já é possível perceber na água, nas florestas, nos animais e nos rios.

Sabemos do grande desmatamento que ocorre na natureza. Uma conclusão é certa: **a área desmatada é grande e causa muita preocupação.**

A situação se torna ainda mais séria quando se sabe que a Amazônia vem sendo desmatada de forma indiscriminada. Se isso continuar, a floresta poderá desaparecer e junto com ela uma das faunas mais ricas da Terra.

Preocupados com essa situação, muitas vozes se ergueram em todo o mundo em defesa da floresta; afinal, as consequências desse desaparecimento atingiriam todo o planeta.

Quem sofre com o desmatamento é sempre a vida. E não apenas a vida das árvores que foram queimadas e derrubadas, mas também a dos organismos que dependiam delas.

É por isso que a lista dos animais ameaçados de extinção aumenta na proporção em que aumentam as queimadas e as derrubadas. Muitas espécies desaparecem antes mesmo de serem conhecidas, o que impede que se saiba exatamente qual o prejuízo dessa devastação, ou seja, quantas espécies já foram eliminadas.

O mundo criado por Deus e entregue aos homens era para **ser em benefício de todos e não para o homem destruir em seu próprio benefício.** O egoísmo do homem, a ganância pelo poder fazem com que os valores da vida sejam esquecidos.

Em todo o mundo, muitos trabalhos já estão sendo realizados para levar o homem a uma mudança de comportamento frente ao problema da preservação da natureza. Esforços nesse sentido são a criação de parques e reservas naturais, protegidos por leis; o combate à poluição; a recuperação de rios; a proteção de espécies ameaçadas de extinção.

Todos nós somos responsáveis. Podemos e devemos fazer a nossa parte, que pode ser divulgar essa consciência ecológica e trabalhar, no dia a dia, em favor da preservação ambiental.

PRESERVE A NATUREZA

O bom seria que cada ser humano e cada comunidade protegesse seu ambiente como se cuidasse de sua própria casa.

Ações de proteção ao meio ambiente inseridas num espaço comunitário refletem atitudes de envolvimento e participação, cujos exemplos modificam comportamentos em outros lugares.

Conheça a minha natureza para respeitá-la.

Promova e participe de ações efetivas para a preservação do meio ambiente.

Assim se dará a comunhão do homem com a Terra. A minha restauração é a renovação da vida e a reconstrução de seu lar.

OLIVEIRA, Teresinha C. de. **Monólogo da natureza.** São Paulo: FTD, 1997. p. 32 a 33, 36 a 38.

Quais são as principais consequências ocasionadas pelo uso inadequado da natureza?

_____
_____
_____

Vamos pintar?

O que podemos fazer para preservar a natureza criada por Deus?

| Cortar árvores. | Não destruir as plantas e os jardins. | Dizer não às queimadas. |

| Poluir os rios. | Plantar uma semente. | Cuidar e preservar os animais. |

O que você faz na sua escola para preservar o verde?

_____
_____
_____

Procure no caça-palavras e descubra o que nós e a natureza precisamos para sobreviver.

G	V	H	U	T	I	K	J	P	U	J	N	K	E	I	H
Y	*	B	N	T	E	R	R	A	L	O	P	Ç	V	H	M
H	N	O	P	Q	A	Z	U	G	I	J	N	*	F	O	L
J	N	K	O	L	P	B	H	U	B	H	U	O	L	S	V
J	N	I	E	R	Z	D	U	A	R	*	P	U	R	O	A
K	M	A	Z	P	Q	B	L	Ç	G	B	H	O	K	L	Q
P	Q	E	R	T	V	I	M	N	B	V	F	T	A	Z	Ç

Utilize o espaço abaixo e crie um mural expressando sua preocupação pelas coisas criadas por Deus.

63

Se hoje Deus fosse falar sobre o que fizeram com sua criação, o que você acha que Ele diria?

E você, o que diz diante dessa realidade?

Senhor, que as crianças sejam como vaga-lumes. Que embora tenham luz pequena, voem irrequietos, avisando que ao nosso redor existem vidas frágeis e preciosas, que precisam ser respeitadas.

HINO ÀS CRIATURAS

A seguir você vai conhecer um texto muito bonito de São Francisco de Assis. É um louvor a Deus pelos seres animados e inanimados que nos ajudam no dia a dia.

Altíssimo, onipotente, bom Senhor.
Teus são o louvor, a glória, a honra
E toda a bênção.
Só a ti, Altíssimo, são devidos.
Louvado sejas, meu Senhor,
Com todas as tuas criaturas.
Especialmente, ó Senhor, o irmão SOL,
Que clareia o dia
E, com sua luz, nos alumia.
Ele é belo e radiante,
Com grande esplendor.
De ti, Altíssimo, é a imagem.
Louvado sejas, meu Senhor,
Pela irmã LUA e as ESTRELAS,
Que no céu formaste claras
E preciosas e belas.
Louvado sejas, meu Senhor,
Pela irmã ÁGUA,
Que é muito útil e humilde
E preciosa e casta.
Louvado sejas, meu Senhor,
Pela irmão FOGO,
Pelo qual iluminas a noite,
E ele é belo e jucundo
E vigoroso e forte.
Louvado sejas, meu Senhor,
Por nossa irmã TERRA,
Que nos sustenta e governa
E produz frutos diversos
E coloridas flores e ervas.
Louvado sejas, meu Senhor,
Pelos que PERDOAM POR TEU AMOR
E suportam enfermidades e tribulações.
Bem-aventurados os que as sustentam em paz,
Que, por ti, Altíssimo, são coroados.
Louvai e bendizei o Senhor
E dai-lhe graças
E servi-o com grande humildade.

(São Francisco de Assis)

Você acha que os rios poluídos mostram a vida de Deus na natureza? Por quê?

Sugestão de leitura

A DOENÇA DA TERRA

Maria Aparecida Pinceratti

Editora Arco-Íris

3ª REFLEXÃO

VEJO AS CRIAÇÕES DOS HOMENS

Deus criou o homem à sua imagem e semelhança. Deu-lhe inteligência e vontade para decidir sobre sua vida e para modificar o mundo.

Sempre que o homem modifica alguma coisa na natureza, deve ter em vista o bem da humanidade.

Deus quer que usemos a nossa inteligência para fazer o bem, para melhorar a qualidade de vida das pessoas, para preservar a natureza, respeitar todos os seres criados e promover a solidariedade.

Quando agimos assim, estamos manifestando o amor e a vida de Deus através do trabalho humano.

Com a inteligência que recebemos de Deus, ou seja, a capacidade de pensar, refletir, escolher, criar coisas, somos chamados animais racionais.

Somente nos tornamos seres humanos quando usamos nossos sentimentos para a solidariedade e para cuidar das coisas criadas por Deus.

Temos capacidade de entender, pensar e aprender coisas diferentes.

Temos liberdade para fazer o bem e deixar as pessoas felizes, ou fazer o mal e destruir o mundo que Deus criou com tanto amor.

Com a inteligência, retiramos da natureza criada por Deus matérias e as transformamos em objetos úteis.

Devemos cuidar de tudo com muito carinho. Afinal, somos responsáveis pela felicidade de todos.

O homem é o único ser capaz de modificar brusca e profundamente os mais diferentes ecossistemas da Terra.

Em geral, alguns campos surgem após a derrubada de florestas para a extração de madeira, carvão vegetal e outros produtos, ou pela formação de pastos para a criação de gado. Na maioria das vezes o homem atua no ambiente buscando tão somente a exploração dos seus recursos naturais. Ele deve entender, no entanto, que a devastação descontrolada está levando a consequências que tornarão cada vez mais difícil a vida humana. Algumas dessas consequências são: a poluição; a extinção de espécies vegetais e animais; a perda de matéria-prima e de áreas produtivas; o aparecimento de novas doenças; alterações climáticas; a destruição de ecossistemas.

Os recursos naturais são fundamentais para a nossa sobrevivência, mas é preciso saber como usá-los. O uso inadequado, exagerado, poderá provocar o fim da vida no planeta Terra.

Deus quer que sejamos continuadores de sua obra, e não destruidores.

Tudo nos foi dado gratuitamente, como presente de Deus Pai a nós, filhos. Por isso, somos responsáveis por esta obra maravilhosa.

AS DESIGUALDADES SOCIAIS

— Rafael, você falou que os homens construíram cidades onde vivem em grandes aglomerações. Quero conhecê-las.

— Pois não, Senhor. Vou mostrar-lhe uma grande cidade de um país chamado Brasil.

E para lá se dirigiram. Deus observou atentamente...

— Rafael, vejo algumas partes da cidade com casas grandes e bonitas, ruas arborizadas, praças, belas avenidas e, noutras partes, casas pobres e pequenas, apertadas, amontoadas umas sobre as outras, sem conforto e higiene.

— Essas são as favelas, os bairros pobres, e aqueles são os bairros ricos da cidade...

— Mas por que alguns moram em bairros ricos e grandes mansões e outros moram em barracos?

— É complicado! Essa situação tem muitas causas: o egoísmo humano, a exploração de uns pelos outros, a concentração das riquezas nas mãos de poucas pessoas, os salários insuficientes e muitas outras. Os homens esqueceram ou não entendem que o Senhor criou a Terra e suas riquezas para TODOS os homens que a habitam. Os mais espertos, os mais gananciosos e mais inescrupulosos se apoderam de tudo e exploram os demais...

— Rafael, o que fizeram com as minhas crianças? Vejo milhares delas abandonadas, exploradas, sujas, famintas. Milhares morrendo de fome!

— São os homens, Senhor! Fazem coisas terríveis...

— Por que existem tantas crianças abandonadas pelas ruas? Onde estão seus pais, que deveriam estar alimentando, educando e amando seus filhos? Isso já passou dos limites! Não posso suportar tamanha provocação!

— Senhor, por favor, acalme-se.

— Acalmar-me?

— Sim, Senhor. Veja aquele grupo de pessoas. Elas se dedicam ao cuidado dessas crianças desamparadas.

— São poucas, muito poucas!

— Mas existem. Pense nelas. Elas estão tentando salvar suas crianças...

CARRARO, Fernando. Texto extraído do livro: **A parábola do planeta azul.** São Paulo: FTD, 1999. p. 16 - 17.

(...) *"Que legado os homens de hoje deixarão para as gerações futuras? O ser humano é parte da Terra, não é dono da Terra!*

Estou sofrendo, mas uma chama de esperança invade o meu espírito: a educação ambiental. É dela que espero o sopro de vida para recuperar, proteger e manter meu espaço vital.

Conclamo, em primeiro lugar, aos educadores, comunicadores, cientistas, políticos, dirigentes de indústrias e fazendeiros para equilibrarem de novo as condições primordiais do ser humano. É preciso efetuar alternativas e soluções a médio e a curto prazo."

OLIVEIRA, Teresinha C. de. **Monólogo da natureza.** São Paulo: FTD, 1997. p. 24, 26, 28.

O caminho que Jesus nos indica é para tornarmos o mundo melhor e mais justo.

Você é uma criança, mas pode fazer a sua parte para melhorar o mundo.

Você só deixa o mundo melhor se praticar o bem, assim como Jesus nos ensina.

Vamos desenhar e explicar.

Ação humana que manifesta a VIDA DE DEUS.	Ação humana que não manifesta a VIDA DE DEUS.

O que você acha que as pessoas podem fazer para melhorar a qualidade do ar e da água? Por quê?

_____
_____
_____

O que as grandes indústrias fazem para realizar seus projetos, visando somente ao poder? Quais serão as consequências dessas atitudes para a humanidade?

_____
_____
_____

Deus quer o planeta Terra a salvo de tanta destruição.

Converse com sua turma e responda: o que pode ser feito para mudar **essa situação?**

Vamos ligar.

Cuido da natureza quando...

...salvo uma árvore.

...não jogo lixo nos rios.

...protejo os animais.

...piso nas plantas.

Descubra no diagrama 4 palavras que fazem o homem destruir a natureza de Deus.

A	B	P	C	D	E	F	G	H	I	J
E	G	O	I	S	M	O	K	G	B	M
N	O	D	P	Q	R	S	T	A	H	V
X	Z	E	A	B	C	D	E	N	M	G
H	I	R	I	Q	U	E	Z	A	J	C
K	L	M	N	O	P	Q	R	N	S	V
T	U	V	X	Z	A	B	C	C	D	M
E	F	G	H	I	G	J	W	I	Z	Z
A	C	B	W	X	Z	H	G	A	K	L

O MENINO JORNALEIRO

Todos os dias, um menino jornaleiro ficava na esquina da rua principal para vender jornais. Fazia isto para ajudar a família que vivia com dificuldades financeiras. Certo dia, o senhor Carlos, que comprava jornal diariamente, perguntou:

– Temos notícias boas hoje?

O menino jornaleiro parecia pensativo, e, com os olhos fechados, começou a gritar:

- A CIDADE ESTÁ LIVRE DO ASSALTO E DA VIOLÊNCIA!
- NÃO HÁ MAIS ACIDENTES DE TRÂNSITO NEM ENGARRAFAMENTOS!
- OS POLÍTICOS CONSEGUIRAM ACABAR COM A FOME NO PAÍS!
- TODOS TÊM CASAS PARA MORAR E AS CRIANÇAS NÃO VIVEM MAIS NAS RUAS!
- FOI CELEBRADA A PAZ ENTRE TODOS OS POVOS. NÃO HAVERÁ MAIS GUERRA!
- NINGUÉM MAIS PRECISA FICAR NA FILA PARA SER ATENDIDO NOS HOSPITAIS. A SAÚDE É PARA TODOS!
- NÃO HÁ MAIS DIFERENÇAS ENTRE RAÇAS E POVOS. TODOS SÃO TRATADOS COMO IGUAIS!
- AS FLORESTAS ESTÃO SENDO PRESERVADAS E OS RIOS NÃO ESTÃO MAIS SENDO POLUÍDOS! OS ANIMAIS SÃO TRATADOS COM RESPEITO E CARINHO!
- AS CRIANÇAS NÃO PRECISAM MAIS TRABALHAR PARA AJUDAR SUAS FAMÍLIAS, ELAS PODEM ESTUDAR E BRINCAR. HÁ ESCOLAS PARA TODAS!

Ao ouvir esta última notícia, o senhor Carlos perguntou:

– Se as crianças não precisam mais trabalhar para ajudar suas famílias e podem estudar e brincar, por que você está aqui na esquina vendendo jornal?

– O menino demorou um pouco e respondeu:

– Desculpe, senhor Carlos, eu cochilei um pouco e tive um lindo sonho!

Que boas notícias aparecem no texto e que você considera que deveriam ser verdadeiras e urgentes?

_____
_____
_____
_____

Escreva uma boa notícia que você gostaria de anunciar e que não aparece no texto.

_____
_____
_____
_____

Sugestão de leitura

VIDA DE PAPEL
Rosana Skronski
Editora Arco-Íris

SENHOR, TOCA O CORAÇÃO DOS HOMENS, PARA QUE NÃO CONTINUEM DESTRUINDO A TUA NATUREZA, QUE É TÃO BELA. AMÉM.

4ª REFLEXÃO

VEJO O MUNDO E PREPARO O MEU FUTURO

Deus é bom e tudo o que Ele faz é perfeito. Para que possamos mostrar a VIDA DE DEUS em nós é necessário que respeitemos tudo o que Ele criou.

Mostramos que temos Deus na nossa vida quando somos bons, quando praticamos o bem, quando cultivamos os valores que Jesus nos ensina nos seus Evangelhos.

Na Bíblia, encontramos um texto em que Jesus fala sobre a necessidade que temos de cultivar o terreno do nosso coração para podermos entender e viver a sua palavra. Vivendo a Palavra de Deus estaremos revelando a Vida de Deus em nós. (Mateus, 13, 1-23)

Quanto mais conhecemos Jesus, mais queremos imitá-lo, ser como "Ele", fazer um mundo melhor.

Quem não gostaria de viver em um mundo sem fome, sem egoísmo, sem miséria, violência e ódio? Tudo isso depende de cada um de nós. Fazendo a nossa parte, estaremos contribuindo para um mundo melhor.

Que mundo estamos preparando para nós e para os que virão depois de nós?

O homem tira tudo da Terra, a exploração descontrolada continua e o Planeta pede socorro.

No Plano da Criação Deus não colocou a poluição. Ela é uma consequência de um desenvolvimento desordenado. O homem provocou este mal e agora não sabe acabar com ele.

O homem pensa na tecnologia e se esquece da vida humana, do seu futuro.

Os gases tóxicos que poluem o ar provocam doenças respiratórias; destroem a camada de ozônio que protege a Terra, matam as plantas... Não é isso que Deus quer para nós e para a sua natureza.

Os homens só pensam no desenvolvimento científico e tecnológico; por isso pensam que não precisam mais do seu Criador. Julgam-se autossuficientes, afastando-se de Deus.

Nosso compromisso como Filhos de Deus é salvar a vida humana e a natureza de Deus. O que podemos fazer para salvar uma árvore? Para isso temos um grande projeto, que é a reciclagem. O que está faltando é uma maior conscientização a esse respeito.

USO SUSTENTÁVEL

Muitas empresas estão desenvolvendo projetos voltados para a sustentabilidade.

Você sabia que muitas comunidades, que antes viviam sofrendo com doenças provocadas por indústrias poluidoras instaladas em suas vizinhanças, viram sua qualidade de vida ser gradativamente recuperada e melhorada ao longo do desenvolvimento de projetos sustentáveis?

A exploração e a extração de recursos com mais eficiência e com a garantia da possibilidade de recuperação das áreas degradadas são a chave para que a sustentabilidade seja uma prática necessária.

As empresas devem preencher as necessidades humanas de recursos naturais e garantir a continuidade da biodiversidade local; além de garantir a qualidade de vida das comunidades que margeiam as áreas de extração dos recursos naturais.

VIANNA, Walny. **Direitos Humanos e Cidadania. Curitiba:** Base Editorial, 2011, vol. 5, p. 84.

Conservar a Terra é pensar na vida do amanhã, é um ato de amor.

É sair do egoísmo, que nos faz pequenos, e pensar nos outros, no futuro.

As pessoas estão sempre plantando alguma coisa. Podem ser coisas boas ou más.

Temos uma responsabilidade a assumir. Temos algo a fazer... temos um corpo, uma inteligência, um coração, capacidades, tempo, criatividade, disposição. Basta querer construir o bem.

Jesus disse: "Ide pelo mundo inteiro, proclamai o Evangelho a todas as criaturas." (Marcos, 16,15)

O REI E O PLANTADOR DE ÁRVORES

Um rei seguia pela estrada com sua comitiva, quando viu um homem velho plantando uma arvorezinha.

Achou aquela atitude muito estranha, já que a árvore demoraria para crescer e, quando pudesse dar frutos, o velho, na certa, não estaria mais lá para aproveitar.

E então o rei perguntou ao velho plantador de árvores por que insistia numa tarefa tão inútil. Ao que o homem respondeu:

— Fico feliz em plantar, mesmo não sendo eu quem vai colher. Não estamos aproveitando hoje as árvores que foram plantadas há muitos anos? Plantar é o que importa. Não o colher.

O rei considerou sábia a atitude do homem e, comovido, entregou um saco com muitas moedas de ouro como prêmio à sabedoria do plantador de árvores, que ele agradeceu assim:

— Viu só como são as coisas? Eu mal acabei de plantar e já estou colhendo frutos valiosos.

(Fábula árabe)

Explique a afirmação: "Plantar é o que importa. Não o colher".

Você acha que os rios poluídos mostram a **criação de Deus na natureza**? Por quê?

O que você faz em casa e na escola para reciclar o lixo e diminuir o corte de árvores?

O Grande Mestre quer nos ensinar:

O AMOR
A VERDADE
O RESPEITO
A SOLIDARIEDADE
A UNIÃO

Encontre o nome deste mestre:

I	P	D	E	F	J	O	P	C	T
T	C	J	E	S	U	S	H	I	O
X	Q	U	A	L	M	R	V	I	O
A	F	L	N	R	E	G	T	B	V

Jesus quer que vivamos o amor entre nós e o respeito com a natureza.

Elabore um cartaz que demonstre esses valores.

DEPENDE DE NÓS

Depende de nós,
quem já foi ou ainda é criança,
que acredita ou tem esperança,
quem faz tudo pra um mundo melhor.

Depende de nós,
que o circo esteja armado,
que o palhaço esteja engraçado,
que o riso esteja no ar,
sem que a gente precise sonhar.

Que os ventos cantem
nos galhos,
que as folhas bebam orvalho,
que o Sol descortine mais
as manhãs.

Depende de nós,
se este mundo ainda tem jeito,
apesar do que o homem tem feito,
se a vida sobreviverá.

Que os ventos cantem nos galhos,
que as folhas bebam orvalho,
que o Sol descortine mais as manhãs.

Depende de nós
se este mundo ainda tem jeito,
apesar do que o homem tem feito,
se a vida sobreviverá.

Depende de nós,
quem já foi ou ainda é criança,
que acredita ou tem esperança,
quem faz tudo pra um mundo melhor.

Música: Depende de nós
Compositores: Ivan Lins / Vitor Martins
Gravadora Universal - 1998

"Depende de nós se este mundo ainda tem jeito".
No que o mundo pode contar com você, para melhorar a sua história?

Vamos salvar o abrigo deste passarinho?

Sugestão de leitura

QUEM VAI SALVAR A VIDA?
Ruth Rocha
Editora FTD

SENHOR, ACREDITO E TENHO ESPERANÇA E FAÇO TUDO PARA UM MUNDO MELHOR. FAÇA COM QUE OS HOMENS SEJAM CADA VEZ MAIS HUMANOS E SOLIDÁRIOS. AMÉM.

EU COM DEUS

1ª REFLEXÃO

PRECISO DE DEUS PARA VIVER

Deus criou o céu e a terra.

Criou a luz, o Sol, a Lua, as estrelas.

Criou as águas, as plantas e todos os seres vivos que povoam a Terra.

Deus achou que tudo era bom.

Mas faltava alguma coisa. Então, quis criar alguém muito especial para habitar o mundo e tomar conta da criação. Por isso criou você, eu e todas as pessoas que existem no mundo. Ele as criou à sua imagem e semelhança.

Sim, Deus preparou para nós um Plano de Amor! Ele nos convida a olhar o mundo com os olhos cheios de amor e ver em cada criatura a sua presença.

Você, eu e todas as pessoas precisamos de Deus para viver, assim como um filho precisa de seus pais.

Deus é este Pai de quem precisamos e sabemos que nunca nos abandonará em nossa tarefa de melhorar o mundo.

Ordene os números e decifre a mensagem de Deus para nós.

1	POIS	2	O
4	TEU	6	TE
7	SEGURA	9	MÃO
5	DEUS	8	PELA
3	SENHOR		

_____

_____

Pense em tudo o que você recebeu de Deus e escreva nas placas **abaixo**.

Na Bíblia, lemos sobre tudo o que Deus fez, como Ele ama as pessoas e nos ensina a amar a todos como irmãos.

Ordene os símbolos iguais e descubra quatro mensagens importantes.

○ Deus fez o mundo e cuida dele.

△ Deus se importa com as pessoas.

⬭ Deus é poderoso e nos ama.

▭ Precisamos de Deus para viver.

87

DEUS É GRANDE E PODEROSO

Meu Deus, como é grande seu poder e seu amor.

Maior que o universo é sua bondade.

O Senhor olha o céu, a terra, o mar e todos os seres criados.

Cuida de todos com amor perfeito.

Agradecemos tudo, Senhor, e pedimos para que o ser humano, que foi criado à sua imagem e semelhança, aprenda cada vez mais a respeitar e cuidar a obra da Criação.

Obrigado, Senhor!

VENHAM TODOS LOUVAR O SENHOR, VENHAM COM ALEGRIA! ELE NOS FEZ E TUDO PERTENCE A ELE! ELE É BOM E SEU AMOR É PARA SEMPRE. (Salmo 100)

2ª REFLEXÃO

DEUS ESTÁ PRESENTE ONDE EXISTE VIDA

Todas as coisas criadas manifestam a vida de Deus, pois Ele é o doador da vida.

O Sol brilhando...
A chuva caindo...
As plantas crescendo...
As pessoas nascendo...
Tudo isso manifesta a vida de Deus no mundo.

Mas a vida não se manifesta somente nas coisas criadas.

Ela está presente na forma como eu me relaciono com as pessoas e com as coisas.

Em nosso dia a dia, podemos nos deparar com situações de vida e com situações de morte.

A vida está sempre presente no AMOR, na VERDADE, na ALEGRIA, na PARTILHA... em tudo o que represente o bem.

Represente e explique no quadro abaixo, situações de VIDA em que você percebe a presença de Deus.

Represente e explique no quadro a seguir, situações em que você não percebe a manifestação da vida.

SENHOR, TU ME CONHECES

(Parte do salmo 138)

*Senhor, tu me examinas e me conheces,
Sabes quando me sento e quando me levanto.
Conheces todos os meus pensamentos,
Meus caminhos, meu descanso, minhas trilhas.
A palavra ainda não chegou à minha boca e tu,
Senhor, já a conheces toda.
Envolve-me de todas as formas e põe sobre mim a tua mão.
Tua sabedoria é grandiosa, está fora do meu entendimento.
Para onde irei, longe de Ti?
Para onde fugirei da tua presença?
Se subo ao céu, lá estás,
Se desço ao abismo, aí te encontro.
Se utilizo as asas da aurora para morar nos confins do mar,
Também lá tua mão me guia e me segura.
Nem as trevas são escuras para ti, e a noite é clara como o dia.
Eu te louvo porque me fizeste maravilhoso,
Como são admiráveis as tuas obras!*

DEUS ME AMA E ESTÁ SEMPRE COMIGO

3ª REFLEXÃO

Somos todos filhos de Deus.

Somos parecidos com "Ele".

Ele nos ama com amor de Pai, amor sem limites.

Nos momentos bons se alegra, fica feliz conosco.

Em todos os momentos orienta, acolhe, ouve e protege.

Jesus disse: "Estarei convosco todos os dias de sua vida".

Quando sou responsável com as minhas coisas e obrigações, com os amigos, com a natureza criada por Deus, estou sendo amigo de Deus e retribuindo o seu amor.

Precisamos aprender a amar como Deus nos ama. Ele nos ama sem pedir nada em troca.

O mundo está cheio de sinais do amor de Deus. Basta olhar e saber admirar estes sinais que estão nas pessoas e em toda a natureza.

Muitas pessoas se fecham ao amor, esquecem-se da partilha, da união, esquecem que Deus ama e está sempre presente.

Quando deixamos Deus fazer em nós sua morada, somos capazes de amar de verdade.

A nossa vida é o grande sinal de sua presença e de seu amor por nós.

Deus nos ama!

Por isso nos criou!

Ele quer a nossa felicidade!

O mundo interior é o mundo dentro de nós, é o mundo dos sentimentos, da vontade, das capacidades e dos sonhos.

Precisamos cuidar bem do nosso mundo interior, não esquecendo que Deus nos fez parecidos com Ele, somos sua imagem e semelhança e Ele está sempre conosco.

AMEMO-NOS UNS AOS OUTROS, PORQUE O AMOR VEM DE DEUS, E TODO O QUE AMA É NASCIDO DE DEUS E CONHECE A DEUS. AQUELE QUE NÃO AMA NÃO CONHECE A DEUS, PORQUE DEUS É AMOR. (Jo, 4, 7-8)

Quais são os sinais de amor de Deus em sua vida?

_____

_____

_____

Vamos pintar as placas que demonstram Deus em nossa vida.

- QUANDO AMAMOS A TODOS.
- QUANDO SABEMOS PARTILHAR.
- QUANDO SABEMOS PERDOAR.
- QUANDO TEMOS INVEJA.
- QUANDO SOMOS UNIDOS.
- QUANDO SOMOS RESPONSÁVEIS.
- QUANDO BRIGAMOS.

Complete com palavras que combinam com "DEUS É AMOR".

UNIÃO — VIDA
AMIZADE — CUIDADO
ALEGRIA — PERDÃO
FÉ — AMOR
ESPERANÇA

94

Faça uma história em quadrinhos que demonstre a presença de Deus.

**SENHOR, FIZESTE-ME IGUALZINHO A VOCÊ;
AJUDA-ME A CRESCER E AJUDAR OS OUTROS, PARA QUE UNIDOS POSSAMOS SER FELIZES.
OBRIGADO, SENHOR, POR NOS AMAR TANTO.**

4ª REFLEXÃO

DOU GRAÇAS A DEUS PELA VIDA

A cada minuto temos algo para agradecer. A nossa vida é o maior e o mais belo presente pelo qual deveríamos agradecer todos os dias.

Recebemos muito de Deus, mas muitas vezes não valorizamos, não agradecemos.

A vida nos foi dada para que colaborássemos na construção de um mundo melhor.

Dou graças a Deus pela vida.

Deus me ama e quer me ver feliz.

Eu sou muito importante para Deus.

Faço parte da natureza criada por Deus.

A nossa maior gratidão a Deus consiste em poder ajudar os menos favorecidos, o amigo que está ao nosso lado, a família que nos dá afeto e carinho.

Se todos fossem amigos de verdade, muita coisa ruim não aconteceria, teríamos mais para agradecer a Deus.

Temos as plantas, os animais, os pássaros, a água. Tudo o que respira na natureza bendiz e agradece ao Criador.

AÇÃO DE GRAÇAS AO DEUS CRIADOR

Bendize, ó minha alma, ao Senhor.
E tudo o que existe em mim bendiga o seu santo nome.
Bendize, ó minha alma, ao Senhor.
E jamais te esqueças de todos os seus benefícios.
É Ele que perdoa as tuas faltas.
E sara as tuas enfermidades.
E te coroa de bondade e de misericórdia.
É Ele que acumula de benefícios a tua vida.
E renova a tua vida como a da águia.
Bendizei ao Senhor todas as tuas obras.
Em todos os lugares onde ele domina.
Bendize, ó minha alma, ao Senhor!
Senhor, meu Deus, Vós sois imensamente grande!
Bendize, ó minha alma, ao Senhor.

(Salmo 102)

Você costuma agradecer a Deus? Quando?

O que gostaria de agradecer a Deus?

Este espaço é seu. Demonstre sua gratidão a Deus.

DOU GRAÇAS A DEUS PELA VIDA

Analise esta cena.

Você sabe acolher o outro? Que mensagem você pode tirar para a sua vida?

MEMÓRIAS QUE ME FAZEM CRESCER

1ª MEMÓRIA

TEMPO DE FRATERNIDADE

Fraternidade é a força que une pessoas que participam de um mesmo ideal, movidas pela caridade. A fraternidade é tão importante que a Igreja no Brasil, todos os anos, durante o tempo da Quaresma, promove a "Campanha da Fraternidade".

O que é ser fraterno? É ser e viver como irmãos no relacionamento com o próximo. É ajudar sem esperar nada em troca.

A Igreja convida os cristãos para serem fraternos, colaborando para resolver problemas da comunidade.

Todos nós, homens, mulheres, jovens, crianças, somos convidados a refletir, dar sugestões, ser colaboradores na solução dos problemas de nossos irmãos.

Deus nos quer solidários, unidos, procurando partilhar o que somos e o que temos.

Jesus disse:

"Amai-vos uns aos outros como eu vos amei."

Jesus veio nos ensinar que devemos amar uns aos outros, não viver no egoísmo.

Vivemos em um mundo onde as desigualdades sociais impedem que as pessoas tenham os mesmos direitos e as mesmas possibilidades.

Cada um de nós tem uma missão a cumprir, um compromisso com Deus e com os irmãos, de levar a paz, a justiça, a solidariedade, a partilha ao meio onde convivemos.

Jesus disse: "Se permanecerdes nas minhas palavras, sereis meus verdadeiros discípulos; conhecereis a verdade e a verdade vos libertará." (Jo. 8, 31-32)

Todos nós podemos ser mensageiros do bem, da verdade e da luz.

ORAÇÃO DA CAMPANHA DA FRATERNIDADE

Ó DEUS CRIADOR, DO QUAL TUDO NOS VEM, NÓS TE LOUVAMOS PELA BELEZA E PERFEIÇÃO DE TUDO QUE EXISTE COMO DÁDIVA GRATUITA PARA A VIDA.

NESTA CAMPANHA DA FRATERNIDADE ECUMÊNICA, ACOLHEMOS A GRAÇA DA UNIDADE E DA CONVIVÊNCIA FRATERNA, APRENDENDO A SER FIÉIS AO EVANGELHO. ILUMINA, Ó DEUS, NOSSAS MENTES PARA COMPREENDER QUE A BOA-NOVA QUE VEM DE TI É AMOR, COMPROMISSO E PARTILHA ENTRE TODOS NÓS, TEUS FILHOS E FILHAS.

RECONHECEMOS NOSSOS PECADOS DE OMISSÃO DIANTE DAS INJUSTIÇAS QUE CAUSAM EXCLUSÃO SOCIAL E MISÉRIA. PEDIMOS POR TODAS AS PESSOAS QUE TRABALHAM NA PROMOÇÃO DO BEM COMUM A SERVIÇO DA VIDA.

GUIADOS PELO TEU ESPÍRITO, QUEREMOS VIVER O SERVIÇO E A COMUNHÃO, PARA QUE A NOSSA SOCIEDADE ACOLHA A VINDA DO TEU REINO.

POR CRISTO, NOSSO SENHOR. AMÉM.

Oração da Campanha da Fraternidade – CNBB, 2010.

Quais os gestos de "fraternidade" que você pode ter:

na família	com o outro

Qual é o tema da Campanha da Fraternidade deste ano? O que ela quer despertar em nós?

O que você e sua turma podem realizar para colaborar com esta Campanha?

Descubra no caça-palavras o que todas as Campanhas da Fraternidade pretendem despertar no cristão.

A	S	J	U	S	T	I	Ç	A	L	I	U	Y	T	R	F
C	D	F	G	T	Y	U	I	O	P	L	K	J	H	R	R
S	D	E	R	T	Y	V	C	D	P	P	D	E	R	A	A
N	A	S	O	L	I	D	A	R	I	E	D	A	D	E	T
L	O	P	I	U	Y	T	R	R	E	R	C	I	E	O	E
D	F	G	H	R	T	Y	U	D	F	D	A	P	C	N	R
G	J	K	V	E	R	D	A	D	E	Ã	G	K	A	Q	N
A	L	O	A	C	A	B	O	H	T	O	R	I	R	T	I
W	Q	A	Z	X	S	D	C	V	F	M	H	T	I	R	D
G	F	V	P	A	R	T	I	L	H	A	T	A	D	Ç	A
B	V	C	X	D	F	R	Y	U	I	O	D	X	A	A	D
A	M	I	Z	A	D	E	G	E	B	O	E	Z	D	A	E
T	Y	U	I	O	P	Q	A	Z	X	C	V	B	E	M	L
A	M	O	R	B	N	M	K	L	J	H	G	F	D	S	E

JUSTIÇA
SOLIDARIEDADE
VERDADE
PARTILHA
AMIZADE
AMOR
PERDÃO
CARIDADE
FRATERNIDADE

104

Em nossa sociedade, quais são os sinais de:

fraternidade	egoísmo

No mundo, muita gente não é feliz. Por quê?

_____
_____
_____
_____
_____
_____
_____

**SENHOR, AJUDA-ME A SER AMIGO
E FRATERNO COM TODOS.
QUERO VIVER O TEU AMOR. AMÉM.**

2ª MEMÓRIA

TEMPO DE SER MELHOR

Temos um período na Igreja em que podemos nos preparar para a Festa da Páscoa.

É um período de quarenta dias em que todo cristão procura meditar, refletir, partilhar, servir, doar, viver os grandes ensinamentos de Jesus, até a sua maior prova de amor: **MORRER PREGADO NA CRUZ**.

A **Semana Santa** nos lembra os últimos dias de Jesus na Terra.

Um domingo antes da Páscoa, a Igreja celebra a entrada triunfal de Jesus em Jerusalém. Todos recebem e saúdam Jesus com ramos.

Muitos fatos importantes aconteceram na vida de Jesus durante essa semana.

Na **Quinta-feira Santa** Jesus realiza o gesto de partilha, ensinando os apóstolos, e hoje a nós, o sentido da partilha.

Jesus disse aos apóstolos:

"Desejei ardentemente comer esta última ceia convosco."

Tomou o pão, abençoou-o, partiu-o e o deu a seus discípulos, dizendo:

"Tomai e comei; este é o meu corpo."

Em seguida tomou o cálice, rendeu graças e ofereceu-o, dizendo:

"Bebei todos vós, pois este é o meu sangue, que será derramado por vós."

Jesus pediu aos apóstolos:

"Fazei isso em minha memória."

Na **Sexta-feira Santa** Jesus foi julgado e condenado a morrer na cruz. Jesus nos amou até o fim. Deu sua vida por nós.

Pregado na cruz, disse Jesus:

"Pai, perdoai-os porque não sabem o que fazem."

Depois disso, sabendo Jesus que tudo estava cumprido, disse:

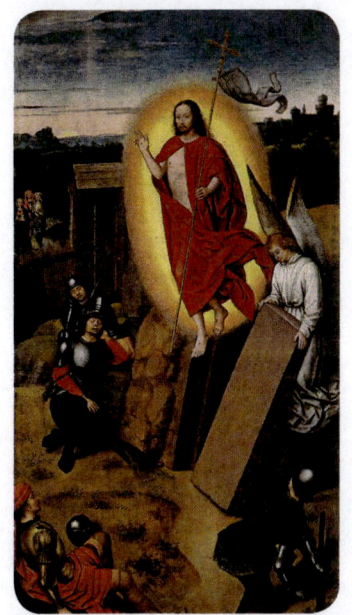

VELÁZQUEZ, Diego. **Cristo Crucificado.** 1632. Óleo sobre tela. 248 cm × 169 cm. Museo Nacional del Prado Madri (Espanha).

"Tenho sede."

Trouxeram uma esponja com vinagre e a colocaram na boca de Jesus. Então Ele exclamou:

"Tudo está consumado."

Em seguida disse:

"Pai, em tuas mãos entrego meu espírito."

Inclinando a cabeça, morreu.

Sábado Santo: Jesus, que se entregou à morte por amor, vence a morte e ressuscita glorioso para uma vida nova.

Páscoa, Vida com Jesus.

MEMLING, Hans. **A Ressurreição.** Século XV. Óleo sobre carvalho, 58 cm x 28,2 cm. Szepmuveseti Muzeum, Budapeste (Hungria).

O que podemos aprender com as reflexões da Semana Santa?

_____
_____
_____

O que Jesus quer nos ensinar com os acontecimentos da Quinta-feira Santa?

_____
_____
_____
_____

Pinte o coração que indica o que Jesus quer nos ensinar.

| PERDOAR | PARTILHAR | ODIAR | AMAR |

| MENTIR | SERVIR | BRIGAR | ACOLHER |

Que mensagem você pode deixar a seus pais nesta preparação para a Páscoa?

Escreva para um amigo, convidando-o para celebrar a Páscoa, a Ressurreição.

OBRIGADO, SENHOR, PELO SEU AMOR POR NÓS. FOI SUA MORTE NA CRUZ QUE NOS LIVROU DO PECADO. AMÉM.

3ª MEMÓRIA

TEMPO DE VIDA NOVA

A Páscoa é a festa cristã que celebra a Ressurreição de Jesus. É a celebração mais importante da religião cristã.

Jesus está vivo! Vamos celebrar com alegria a sua Ressurreição.

Ele passou da morte para a vida. Todos nós devemos realizar a nossa Páscoa, isto é, mudar para melhor.

Páscoa significa passagem da morte para a vida, da tristeza para a alegria.

Na Páscoa ressuscitamos sorrisos, amizades, sonhos, virtudes, valores.

Com Jesus Ressuscitado encontramos o amor, o carinho, a paz e a fraternidade.

BELLINI, Giovanni. **Ressurreição de Cristo**. 1475-79. Óleo sobre tela. 148 cm x 128 cm. Staatliche Museen, Berlin (Alemanha).

QUE ESTE SEJA O VERDADEIRO SENTIDO DA NOSSA PÁSCOA!

Há um momento em que é preciso parar...
É preciso parar para pensar.
Elevar-se além dos ruídos, da confusão...
Buscar o silêncio e procurar as raízes da vida.
E agora, mais do que nunca, é preciso pensar e recolher-se.
É preciso crescer e melhorar.
Crescer para atingir os limites da espiritualidade.
Para crescer e assim melhorar o mundo.

Mahatma Gandhi

Na Páscoa temos também os símbolos pascais que nos ajudam a refletir.

O PEIXE
Vive na água que, continuamente, se renova. A Páscoa é a renovação do Batismo.

O CORDEIRO
Representa a mansidão. Também Cristo se imolou para perdoar os nossos pecados.

A VELA
Nós acendemos a vela, simbolizando nossa união com CRISTO RESSUSCITADO. Jesus é nossa luz, que ilumina todo homem que vem a este mundo.
"EU SOU A LUZ DO MUNDO".

O OVO DE PÁSCOA
O ovo é o símbolo da Ressurreição, porque contém dentro de si uma vida nova que surge para a luz do Sol.

O PÃO E O VINHO
Representam no altar o corpo e o sangue de Jesus vivo e ressuscitado, presente em sua comunidade, a IGREJA.

Vamos ligar.

- AMOR
- ALEGRIA
- ÓDIO
- VIDA
- MORTE
- AMIZADE
- ESPERANÇA

PÁSCOA SIGNIFICA

Nesta Páscoa, o que você pode fazer para dar sentido a esta festa?

O que a Ressurreição de Jesus nos trouxe?

Qual o símbolo pascal que você achou mais importante? Por quê?

Como você acha que as pessoas celebram a Páscoa? Só com presentes ou com a alegria da Ressurreição?

Escreva uma mensagem desejando uma feliz Páscoa para a família.

**SENHOR, QUERO VIVER VIDA NOVA,
QUERO DIZER NÃO AO PECADO E VIVER EM TI.
AMÉM.**

4ª MEMÓRIA

BÍBLIA PALAVRA DE DEUS

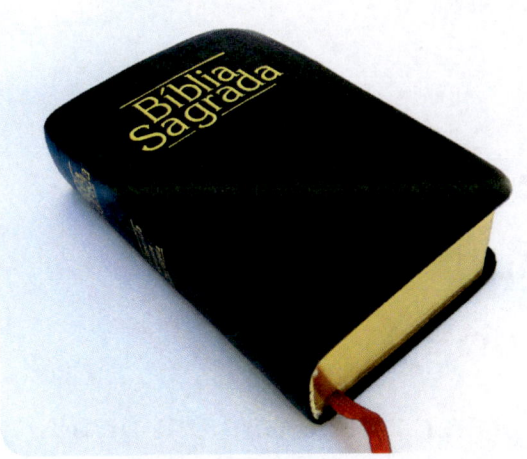

Nascemos do amor de Deus e somos suas criaturas.

Além de nos dar a vida, o mundo, a natureza com suas maravilhas, Deus escolheu para nós um maravilhoso presente: a Bíblia Sagrada.

A Bíblia foi inspirada pelo próprio Deus. É a própria palavra de Deus, a palavra da verdade.

A Bíblia é um livro precioso, pois nele está contido tudo o que Deus, através dos tempos, comunicou aos homens e quer comunicar hoje, como palavra Eterna.

A Bíblia está dividida em dois grandes livros: "O Antigo e o Novo Testamento".

No Antigo Testamento encontramos tudo o que Deus revelou antes do tempo de Jesus Cristo. Conta como foi a criação do mundo e a criação do homem; fala sobre a vida de homens justos e amados por Deus. Conta como Deus escolheu esses homens para a formação do seu povo. Fala sobre o Salvador – prepara o povo para esse acontecimento. Fala também dos reis, juízes e profetas.

No Novo Testamento encontramos a história de Jesus Cristo, o Filho de Deus, que veio para nos salvar, seus ensinamentos, e como seus amigos viveram esses ensinamentos.

O Antigo Testamento representa o tempo da promessa.

O Novo Testamento representa o tempo da realização.

Não basta conhecer a Bíblia. É preciso viver de acordo com o que ela nos ensina.

Cada livro da Bíblia é dividido em capítulos e cada capítulo em versículos.

Exemplo:

Livro de Lucas, capítulo 4, versículos 18 até 20.

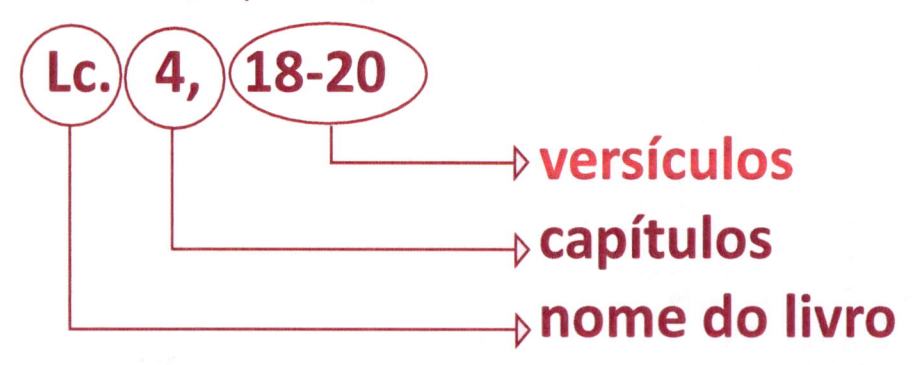

Lc. 4, 18-20
- versículos
- capítulos
- nome do livro

Faça da Palavra de Deus a sua leitura preferida. Ela tem um recado para todas as pessoas e para cada circunstância, para cada momento de sua vida.

O que podemos aprender com a Bíblia?

Você e sua família usam a Bíblia com frequência? Quando?

Os grandes amigos de Jesus vivem os ensinamentos da Bíblia.
O que você faz para ser amigo de Jesus?

Que ensinamento de Jesus você gostaria de transmitir aos seus amigos? Escreva na Bíblia.

Quais são as duas partes da Bíblia? O que elas nos ensinam?

Pinte as bíblias que representam os ensinamentos de Jesus.

AMAI-VOS UNS AOS OUTROS.

QUEM ME AMA NÃO ANDA NAS TREVAS.

EU SOU A LUZ DO MUNDO.

DEVO PENSAR SÓ EM MIM.

SENHOR, ENSINA-NOS A VIVER OS TEUS ENSINAMENTOS, TUA PALAVRA, PARA QUE POSSAMOS SER PRESENÇA DO TEU AMOR. AMÉM.

5ª MEMÓRIA

TEMPO DE AMOR

Natal, festa do amor, da alegria e da esperança de um mundo melhor. É NATAL!

Os pastores vêm adorar o filho de Deus.

O nascimento de Jesus foi simples e humilde.

Ele quis nos ensinar que os bens materiais não têm valor; tem valor o que as pessoas trazem no coração: o que elas pensam, o que elas dizem e o que fazem.

O Anjo disse a Maria:

"Aquele que vai nascer será santo e será chamado Filho de Deus".

Quando Jesus nasceu, os anjos apareceram no céu, cantando:

"Glória a Deus nas alturas e paz na Terra aos homens por Ele amados".

Devemos preparar nosso coração para celebrar o Natal, amando, respeitando e perdoando. Com o coração cheio desses sentimentos, você estará feliz para viver as emoções do Natal.

Natal é, por excelência, a celebração da solidariedade universal.

O Natal é marcado por símbolos. Vamos conhecer alguns deles.

SINOS

O sino lança mensagens no ar. O nascimento de Jesus é a grande mensagem que precisa ser anunciada e comunicada a todos.

O sino também é sinal de alegria. No Natal queremos anunciar, com os sinos, que estamos felizes com o fato de o Filho de Deus se fazer homem e estar entre nós.

BOLAS COLORIDAS

As bolas coloridas que enfeitam o pinheirinho querem significar os frutos daquela árvore viva que é Jesus. A bolas são os dons maravilhosos que o nascimento de Jesus nos trouxe, são as boas ações daqueles que vivem em Jesus.

As bolas coloridas deixam a árvore linda e nos dão alegria. Assim, as nossas boas ações nos tornam felizes e belos porque vivemos a vida de Jesus em nós.

PRESENTES DE NATAL

Quando gostamos de uma pessoa, nós lhe damos presentes. Assim fez Deus. Porque ele gosta de nós e quer a nossa felicidade, deu-nos o maior de todos os presentes, deu-nos o seu próprio Filho, Jesus.

ÁRVORE DE NATAL

A árvore é o símbolo da vida, por isso nós a enfeitamos para receber a verdadeira vida: o Cristo. Com a árvore de Natal manifestamos a Jesus nossa esperança Nele, e nossa alegria pela sua vinda.

PRESÉPIO

O presépio foi criado por São Francisco de Assis, pois ele queria sentir mais profundamente a mensagem do Natal.

A realidade do presépio faz penetrar em nós os ensinamentos de Jesus, como: pobreza, simplicidade, humildade, fé, docilidade e outros, pois assim foram os ensinamentos de Jesus desde o início.

ESTRELA DE NATAL

Na Boa Nova do nascimento de Jesus, como está escrito na Bíblia, apareceu no céu uma estrela que orientou os magos que vieram do Oriente à procura de Jesus.

Cristo é a nossa estrela, que aponta o caminho de nossa vida, **e quanto mais nos aproximamos** da sua luz, nós também seremos luz e estrela, guiando outros ao encontro de Deus.

VELAS DE NATAL

As velas simbolizam a presença de Cristo como luz do mundo. Acendendo velas no Natal, queremos **também significar a nossa fé em** Jesus, queremos lhe dizer que também nós seremos luz para os **nossos irmãos, procurando viver** como Ele viveu.

O aniversariante é Jesus. Escreva um cartão para Ele.

Dos símbolos natalinos, qual você gostou mais? Por quê?

Como você pode deixar seu NATAL mais solidário?

SENHOR, QUE NESTE NATAL TODAS AS FAMÍLIAS SE UNAM, SE PERDOEM PARA CELEBRAR A GRANDE FESTA DO AMOR.

REFERÊNCIAS

ABC da Bíblia. **A Linguagem Bíblica**. Centro Bíblico de Belo Horizonte. 43 ed. Paulus: Belo Horizonte, 2010.

ARTE DE VIVER. **A Alegria de ser uma pessoa com dignidade**. v.1. Betuel Cano. Paulinas: **São Paulo, 2008.**

BATCHELOR, Mary; HAYSOM, John. Bíblia em 365 histórias. 2.ed. Paulinas: São Paulo, 2011.

BÍBLIA SAGRADA. Tradução da CNBB.

CARMO, Solange Maria do; SILVA. Pe. Orione. **Somos Povo de Deus**. Paulus: São Paulo, 2008.

CNBB. Projeto Nacional de Evangelização. **Iniciação à leitura bíblica**. 1. ed. Brasília, 2009.

CRUZ, Terezinha Motta Lima da. Ecumenismo: conteúdo ou catequese? 3.ed. Paulus: São Paulo, 2006.

EQUIPE NACIONAL DA DIMENSÃO BÍBLICO CATEQUÉTICA. **Como nossa Igreja lê a Bíblia**. **Catequético. 7. ed. Paulinas: São Paulo, 2010.**

FARIA, Dom Paulo Lopes de. **Catecismo da Bíblia**. 27.ed. Paulus: São Paulo, 2008.

GRUEN, Wolfgang. Pequeno Vocabulário da Bíblia. 15. ed. Paulus: São Paulo, 2008.

MESTERS, Carlos. **Os Dez Mandamentos, ferramenta da comunidade**. 13. ed. Paulus: São Paulo, 2008.

MACCARI, Natália. **Os símbolos da Páscoa**. 9. ed. Paulinas: São Paulo, 2010.

_____. **Vivendo e convivendo**. 15. ed. Paulinas: São Paulo, 2009.

NASSER, Maria Celina Cabrera. **O uso de símbolos**. Paulinas: São Paulo, 2006

O FENÔMENO RELIGIOSO. **Cadernos Catequéticos Diocesano nº 7**. Diocese de Osasco. 4. Ed. **Paulus: São Paulo, 2011.**

OLIVEIRA, Ivani; MEIRELES, Mário. **Dinâmica para vivência e partilha**. 3.ed. Paulinas: São Paulo, 2010.

PASSOS, João Décio. **Ensino Religioso: Construção de uma Proposta**. 1. ed. Paulinas: São Paulo, 2010.

SITES
http://www.amop.org.br
http://ensinoreligioso.seed.pr.gov.br
http://bloguinhodoceu.blogspot.com
http://www.cantodapaz.com.br
http://www.cancaonova.com.br
http://www.portalcatolico.org.br
http://www.conic.org.br